이상무 Golf 만화

色,卽是○
색 즉 시 공

이상무 글·그림

추천사

'색즉시공'을 읽고
심장 발작을 일으키든지 말든지

이상무 화백과의 첫 만남은, 아마도 같은 지면에 골프 만화와 골프 칼럼을 연재하는 인연으로 2007년 골프칼럼니스트협회 설립 준비 모임에서 이루어졌던 것으로 기억합니다. 하지만 그는 첫 만남 이전부터 꽤나 낯이 익은 남자였습니다. 골프에 입문하려는 사람들이 골프화, 클럽과 함께 동시에 구입한다는, 그리고 지금도 꾸준하게 팔리고 있는 만화《싱글로 가는 길》에서 그를 먼저 만나본 것이지요.

그런데 아니었어요. 그가 부킹을 한 골프장에 가서 '이상무 회원'을 찾다가 그의 본명이 '이상무'와는 얼토당토않은 '박노철'이라는 사실을 알았고, 그 옛날 여학생이라는 잡지에《노미호와 주리혜》라는 만화를 그리면서 '이상무'라는 필명을 쓰게 되었다는 사연을 들었습니다. 그가《노미호와 주리혜》의 작가라는 사실에 살짝 반하기도 했지요.

아니, 이것도 사실이 아니에요. 저처럼 싱글핸디캡퍼 애인 하나 두고 싶어 안달을 하는 골프에 미쳐 있는 여자가 차석 클럽챔피언인 동시에 그날 눈앞에서 77 스코어를 그리는 남자에게 반하지 않았다면 이건 거짓말이죠. 하지만 저는 요조숙녀이기에 겉으로는 안 그런 척 내숭을 떨었을 뿐입니다.

저는 끝까지 그렇게 품행을 방정하게 가지려 했습니다. 그리고 단지 제 집과 그의 사

무실이 한 정거장 떨어진 거리라 모임이나 골프라운드를 갈 때면 자주 그의 차에 얹혀 가고는 했어요. 아마 그래서일까요? 혹자들이 그와 저를 공공연하게 '불륜 사이'로 몰아 붙이는 이유가. 아니, 《색즉시공》의 작가와 《신이 내린 스포츠 골프 & 섹스》의 작가가 만 났으니 당연 '연애사건'이 벌어진다고 지레 짐작하는 것이겠죠.

저로서는 뭐 그러거나 말거나입니다. 솔직한 마음으로는 계속 '불륜 사이'로 봐주기를 바라고 있습니다. 그런데 며칠 전에는 눈길이 미끄럽다는 핑계로 제가 그의 팔짱을 끼었 더니 남매같대나요. 정말 아니거든요. 《색즉시공》의 작가가 외간 여자와 남매밖에 안 되 겠어요?

조세프 머독이라는 작가가 《Golf Quotes 골프명언인용집》 머리글에 "골프는 'Love affair, 연애'와 같다. 진지하게 대하지 않으면 즐겁지 않고, 너무 진지하게 대하면 심장 발작을 일으킨다."라는 말을 남겼답니다. 《색즉시공》을 읽고 심장 발작을 일으키시더라 도 제 탓으로 돌리지 마세요. 전적으로 '구멍 이야기'만 쓴 이상무 화백님의 책임이니까요.

《신이 내린 스포츠 골프 & 섹스》의 삭가 김 영 두

목차

추천사 4

홀 사이즈 8
처녀홀 10
멀리건 12
미스샷에 대처하는 자세 14
표정 관리 16
반대로 18
홀인 20
홀의 위력 22
비결 24
잘해야 본전 26
정복의 기쁨 28
티샷의 궤적 30
좋은 코스에 좋은 스코어 없다 ... 32
반대의 논리 34
개인 레슨 36
슬라이스 38
숏퍼트는 자신감! 40
간단한 룰 42
남의 집 44
뒷땅 46
Y담 48
장타의 단점 50
디봇 자국은 스스로 메워야 52
간 큰 남자 54
그런 날 56
겨울철 라운드 58
홀인원 60
생활 속 골프 62
빨리 빨리 64
화풀이 66
백스윙이 빨라 68

억울하다 70
빈스윙 72
치매 74
부가가치 76
절대 안돼 78
내가 최고참 80
신무기 82
터치 플레이 84
공이 안 맞는 이유 86
의리없이! 88
결코 질 순 없다 90
뜻이 있었잖아 92
말구 인생 94
골프 용어 96
골프 투어 98
헤드 업 1 100
심리전 102
횟수 104
결단 106
물 퍼터 108
퍼팅라인 110
마지막 고비 112
체중 이동 114
소문 116
라운드의 이유 118
방해 공작 120
네가 유죄 122
커플 124
골프와 인생 126
패스 128
남과 여 130
고수의 약점 132
구력 134
백스핀 136
문신 138

뻔한 이치	140
미련	142
유혹	144
녹슬면 안돼	146
헤드 업 2	148
뒷문 인생	150
양심이 있지	152
흉내낼 게 따로 있지	154
사진전	156
증거 인멸	158
우중 라운드	160
잘 나가다가 삼천포	162
명기	164
특별한 홀	166
조강지처	168
기본기	170
구찌 겐세에	172
캐디	174
골프를 접는 이유	176
골프는 역시 돈이 들어	178
불공평한 세상	180
평생의 동반자	182
골프 중독	184
일의 순서	186
골프의 단점	188
칼부림	190
핀 위치가 다양할수록	192
고치병	194
투자	196
신형	198
강한 상대	200
억울해	202
필드에만 나가면	204
잔인한 질문	206
내게 필요한 건	208
보험	210
좋은 스윙이란	212
단단한 그립	214
바람이 강할수록	216
겨울 골프	218
의리	220
룰대로 경쟁	222
좌뇌와 우뇌의 조화	224
부장님은 한 수 위	226
나이스 샷	228
핸디	230
기념패	232
롱아이언은 어려워	234
홀아웃을 해야 하는 이유	236
운수 좋은 날	238
참을성	240
홀	242
긴 채, 짧은 채	244
강태공의 비애	246
인터벌이 너무 길어	248
자국이 말하는 것	250
기록	252
중계방송	254
샷 중에는 조용히	256
너의 불행이 나의 행복	258
소질	260
회장님의 라운드	262
잊혀진 여인	264
그대 앞에만 서면	266
성공의 감격	268
할 수 있어	270
꿈 깨	272
휴가	274
짧은 퍼팅	276
칼라볼	278

홀 사이즈

처녀홀

멀리건

미스샷에 대처하는 자세

표정 관리

이상무
Golf 만화 色卽是

반대로

이상무 Golf 만화 色卽是

홀인

홀의 위력

이상무 Golf 만화 色即是○

비결

이상무 Goff 만화 色卽是

잘해야 본전

정복의 기쁨

티샷의 궤적

좋은 코스에 좋은 스코어 없다

반대의 논리

개인 레슨

슬라이스

숏퍼트는 자신감!

간단한 룰

남의 집

뒷땅

Y담

장타의 단점

이상무 Goff 만화 色卽是

디봇 자국은 스스로 메워야

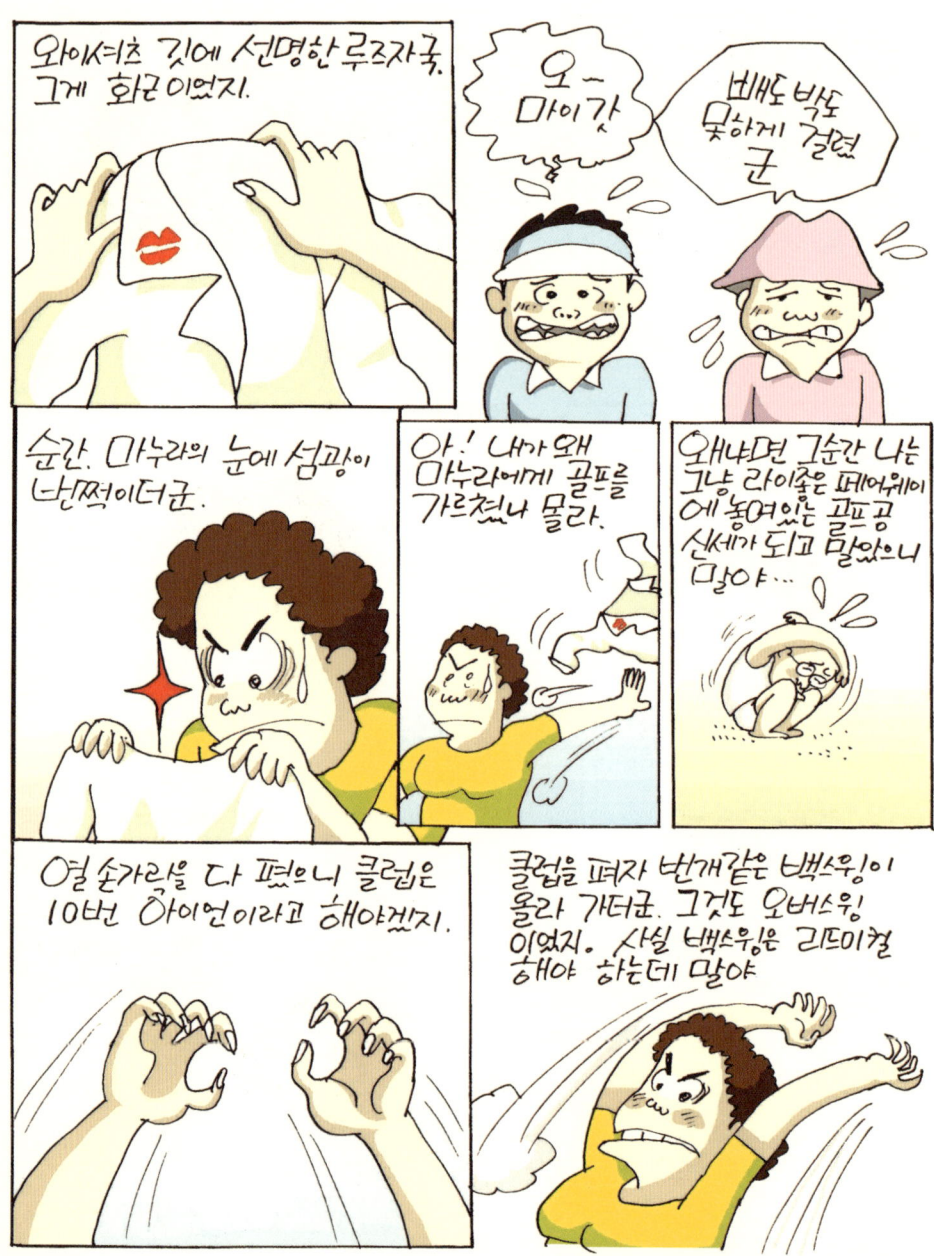

간 큰 남자

그런 날

겨울철 라운드

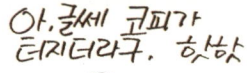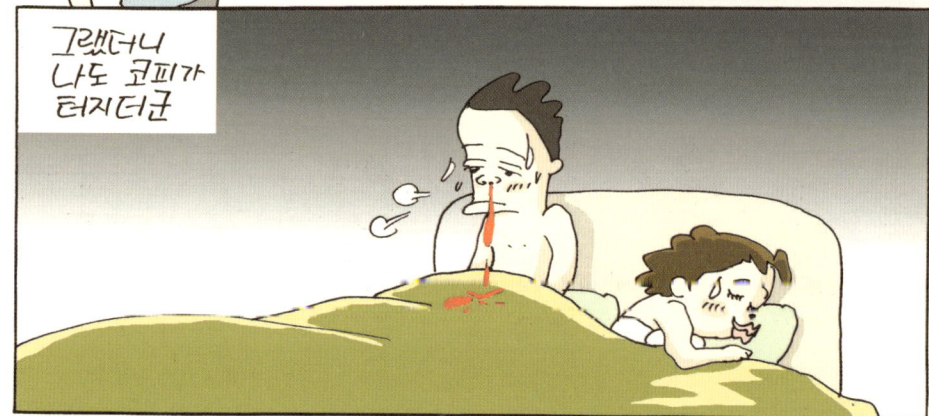

홀인원

생활 속 골프

이상무 G아트만화 色卽是

빨리 빨리

화풀이

이상무 Golf 만화 色卽是

백스윙이 빨라

억울하다

빈스윙

치매

이상무 Golf 만화 色卽是○

부가가치

절대 안돼

이상무 Golf 만화 色卽是

내가 최고참

신무기

터치 플레이

이상무 Goff 만화 色卽是

공이 안 맞는 이유

의리없이!

결코 질 순 없다

뜻이 있었잖아

말구 인생

이상무 Golf 만화 色卽是

골프 용어

골프 투어

헤드 업 1

이상무 Goff 만화 色卽是

심리전

횟수

결단

물 퍼터

퍼팅라인

이상무 G어l 만화 色卽是

마지막 고비

이상무 Golf 만화 色卽是

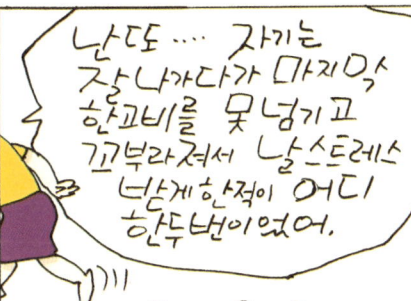

체중 이동

소문

라운드의 이유

이상무 Golf 만화 色卽是

방해 공작

네가 유죄

이상무 Goff 만화 色卽是

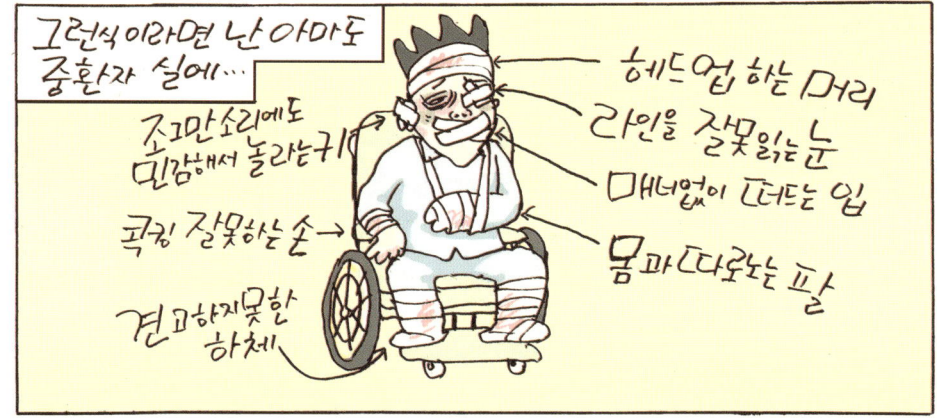

커플

골프와 인생

이상무 Golf 만화 色卽是○

패스

남과 여

고수의 약점

구력

백스핀

문신

뻔한 이치

이상무 G에 만화 色卽是

미련

유혹

녹슬면 안돼

이상무 Goff 만화 **色即是**○

헤드 업 2

뒷문 인생

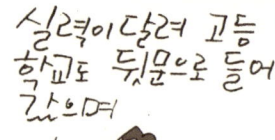

양심이 있지

흉내낼 게 따로 있지

사진전

증거 인멸

우중 라운드

잘 나가다가 삼천포

명기

특별한 홀

조강지처

기본기

구찌 겐세에

캐디

골프를 접는 이유

골프는 역시 돈이 들어

불공평한 세상

평생의 동반자

골프 중독

일의 순서

골프의 단점

칼부림

핀 위치가 다양할수록

코치병

이상무 G에프 만화 色即是

투자

신형

이상무 Golf 만화 色卽是

강한 상대

억울해

필드에만 나가면

잔인한 질문

내게 필요한 건

보험

이상무 Goff 만화 色即是○

좋은 스윙이란

단단한 그립

이상무 Golf 만화 色卽是空

바람이 강할수록

겨울 골프

의리

룰대로 경쟁

좌뇌와 우뇌의 조화

부장님은 한 수 위

나이스 샷

이상무 Goff 만화 色卽是

핸디

기념패

롱아이언은 어려워

홀아웃을 해야 하는 이유

운수 좋은 날

참을성

홀

긴 채, 짧은 채

강태공의 비애

이상무 Golf 만화 色卽是

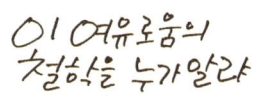

인터벌이 너무 길어

자국이 말하는 것

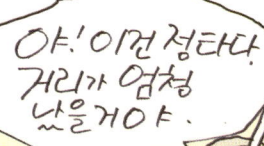

기록

중계방송

이상무 Goff 만화 色卽是

샷 중에는 조용히

너의 불행이 나의 행복

소질

회장님의 라운드

이상무 Goff 만화 色卽是

잊혀진 여인

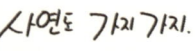

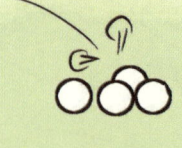

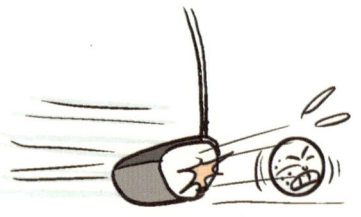

그대 앞에만 서면

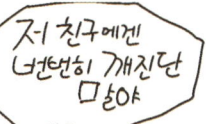

성공의 감격

할 수 있어

이상무 Golf 만화 色即是○

꿈 깨

휴가

짧은 퍼팅

칼라볼

이상무 골프 만화
색즉시공

1판 1쇄 | 2011년 2월 1일
지은이 | 이상무
발행인 | 김인태
발행처 | 삼호미디어
등　록 | 1993년 10월 12일 제21-494호
주　소 | 서울특별시 서초구 반포1동 718-8 ⓤ137-809
　　　　www.samhomedia.com
전　화 | (02)544-9456(영업부) / (02)544-9457(편집기획부)
팩　스 | (02)512-3593

ISBN 978-89-7849-433-5 13690

Copyright 2011 by SAMHO MEDIA PUBLISHING CO.

이 도서의 국립중앙도서관 출판시도서목록(CIP)은
e-CIP 홈페이지(http://www.ni.go.kr/cip.php)에서 이용하실 수 있습니다.
CIP제어번호 : CIP2011000167

출판사의 허락 없이 무단 복제와 무단 전재를 금합니다.

잘못된 책은 구입처에서 교환해 드립니다.